SÍMBOLO SECRETO

Editora Appris Ltda.
1.ª Edição - Copyright© 2022 do autor
Direitos de Edição Reservados à Editora Appris Ltda.

Nenhuma parte desta obra poderá ser utilizada indevidamente, sem estar de acordo com a Lei nº 9.610/98. Se incorreções forem encontradas, serão de exclusiva responsabilidade de seus organizadores. Foi realizado o Depósito Legal na Fundação Biblioteca Nacional, de acordo com as Leis nos 10.994, de 14/12/2004, e 12.192, de 14/01/2010.

Catalogação na Fonte
Elaborado por: Josefina A. S. Guedes
Bibliotecária CRB 9/870

N992s
2022
	Nuzzi, Eduardo Marcondes
	  Símbolo secreto / Eduardo Marcondes Nuzzi. - 1. ed. - Curitiba: Appris, 2022.
	  81 p. ; 21 cm.
	
	  ISBN 978-65-250-3087-6
	
	  1. Poesia brasileira. 2. Filosofia. 3. Autoavaliação. I. Título.
	
	                                                                CDD – 869.1

Livro de acordo com a normalização técnica da ABNT

Appris
editora

Editora e Livraria Appris Ltda.
Av. Manoel Ribas, 2265 – Mercês
Curitiba/PR – CEP: 80810-002
Tel. (41) 3156 - 4731
www.editoraappris.com.br

Printed in Brazil
Impresso no Brasil

Eduardo Marcondes Nuzzi

SÍMBOLO SECRETO

FICHA TÉCNICA

EDITORIAL	Augusto V. de A. Coelho
	Marli Caetano
	Sara C. de Andrade Coelho
COMITÊ EDITORIAL	Andréa Barbosa Gouveia (UFPR)
	Jacques de Lima Ferreira (UP)
	Marilda Aparecida Behrens (PUCPR)
	Ana El Achkar (UNIVERSO/RJ)
	Conrado Moreira Mendes (PUC-MG)
	Eliete Correia dos Santos (UEPB)
	Fabiano Santos (UERJ/IESP)
	Francinete Fernandes de Sousa (UEPB)
	Francisco Carlos Duarte (PUCPR)
	Francisco de Assis (Fiam-Faam, SP, Brasil)
	Juliana Reichert Assunção Tonelli (UEL)
	Maria Aparecida Barbosa (USP)
	Maria Helena Zamora (PUC-Rio)
	Maria Margarida de Andrade (Umack)
	Roque Ismael da Costa Güllich (UFFS)
	Toni Reis (UFPR)
	Valdomiro de Oliveira (UFPR)
	Valério Brusamolin (IFPR)
ASSESSORIA EDITORIAL	Débora Sauaf
REVISÃO	Isabela do Vale Poncio
PRODUÇÃO EDITORIAL	Tarik de Almeida
DIAGRAMAÇÃO	Daniela Baumguertner
CAPA	Eneo Lage
REVISÃO DE PROVA	Bianca Silva Semeguini
COMUNICAÇÃO	Carlos Eduardo Pereira
	Karla Pipolo Olegário
LIVRARIAS E EVENTOS	Estevão Misael
GERÊNCIA DE FINANÇAS	Selma Maria Fernandes do Valle

Aos caminhantes da Virtude.

APRESENTAÇÃO

Caro leitor,

antes de mais nada,
agradeço a sua presença.

O simples fato
de querer ler este relato
me deixa imensamente grato.

Há alguns anos,
eu conheci um visitante,

um caminhante chamado *alumo*
que me entregou um artefato.

A princípio,
não parecia ser possível.

Era brilhante,
porém de um brilho invisível.

Era pulsante!

Mas somente um ser sensível
poderia contemplar
tal instrumento abstrato.

Quando o questionei,
ele foi direto:

A Natureza te convoca,
mas não espera nada em troca.

Pede apenas que decifres
o seu Símbolo Secreto.

Neste livro,
eu narro o meu trajeto.

Eduardo Nuzzi

SUMÁRIO

Início 15

Laguna 17

Recomeço 18

Gestação 19

Inexplicável 21

Rachadura 22

Choque de realidade 23

Encontro com a Beleza 24

Tudo que fiz 25

A Torre de Cristal 26

À humanidade 27

A aldeia 28

Meditar 30

O Silêncio 31

Jardim da Ostentação 33

Pensaventos 35

Fogueira 36

Vagalume 37

Ecológica 38

Testemunha 39

Oposição 41

Ilusão	42
Transbordar	43
Ritual da Superação	44
Urânia	46
A ferida	47
Regeneração	49
O Solidário	50
Querido eu	51
Dilúvio	52
Coliseu	54
Coragem	55
República	56
Sopro Dourado	57
O horizonte	58
Iluminado	59
Transição	60
O Visitante	63
Andarilho	64
Centelha Centenária	65
Fé	67
Parvati	68
Pena Branca	70
O mistério da Caridade	72

O Princípio 74
Verso Interior 77
Símbolo Secreto 78
O Caminho 80
Conclusão 81

*Garanto a ti
que, a partir daqui,
não teremos só fonemas.*

Mas, sim, emblemas!

E dos mais diversos...

*Porquanto, aqui,
todo verso é uma luneta
para ver além do teu planeta!*

*Agora,
olha bem este cometa
que se aproxima velozmente...*

- alumo

Início

Abre teus olhos.

Onde estou?

Este lugar tem muitos nomes.
Aos poucos, reconhecerás o entorno.

Estou me sentindo estranho...
Por acaso eu morri?

Não te preocupes.

Naturalmente,
estás contuso e confuso.
Afinal, és intruso dentro de ti.

Por hora,
concentra-te ao som
do dom que libertas.

*Todo mito
é um rito de passagem
escrito pela Fé.*

Laguna

Ó, meu fluvial,

quanto do meu sal
vira sombra por aval
da tua razão?

Tens em mente
que o canal da ilusão
é riacho graxo
por onde corre a escuridão?

Deixa-te levar.

E verás a plenitude-oceano,
que liga o plano sereno
ao terreno do teu ser.

Transborda
o Eu latente

no presente
que ofereço:

O manual da tua fluência
é a potência

do recomeço.

Recomeço

Há quanto tempo eu não
escrevia uma pequena reflexão!

Pelo jeito, ainda me lembro
da vontade que me toca
os sentidos da mente:

A *memória é o presente da tua história.*

Gestação

Lembro-me da noite
em que me entreguei ao inesperado.

Por um lado, já era tarde;
e eu estava em plena sonolência.

Mas, quanto mais eu me entregava,
mais tinha ciência
que o caminho era a ausência
de todo pensamento:

Me tornei respiração.

.
..
.....
......
....
....
....
......
.....
..
.
.
..
.....
......

....
....
....
....
.....
..
.

...

Da suavidade do requinte,
me lembro apenas do seguinte:

Que pensamentos são esses, assim, cheios de vida?
- questionei a abstração.

São palavras. Mas ainda em gestação.

Em gestação? Como que ainda a nascer?

Ainda vais compreender.
Por florescer, estás a crescer;
e, por crescer, transparecer.

Inexplicável

Eu sinto o teu calor

na presença intensa
e familiar
que me tira a descrença
em clamor construtor:

É o pôr da razão.

E, antes que escorras,

peço-te

humildemente

que a Mente dormente
desperte

e conceba-te em nós.

Pois,
antes que sejas memória,
agrego-te a glória

de nascer
e viver.

Rachadura

Como posso ser vivente?

Como compreender
a sensação ardente
de que ainda sou uma rachadura?

*És aquele que procura
ou o que é pró-cura?*

Sou ambos!

*Já tens, portanto,
uma grande esperança.*

*Aquele que busca
e não se cansa
logo alcança.*

*E a herança
de quem nunca faz
é a saudade
do que nunca foi.*

Choque de realidade

Por que será
que quando a Lua brilha forte,
vejo o norte virar sul?

No céu azul da madrugada,
vou à morada do Invisível.

...

E a consciência dá um nó,
pois tudo vibra a um tempo só!

Encontro com a Beleza

Certa vez,
vi uma forma sem molde.
Não sei bem como explicar.

Tinha cor de uma voz suave.
E timbre de uma flor!
- não tinha grave.

Nem médio, nem agudo;
já que era som mudo,
miúdo.

E me disse:

Buscas a Beleza?
Então sigas com destreza
a tua própria Natureza,
que ainda está por despertar.

Pois o bem que lhe é cedido
é a direção do teu sentido;
e que, mesmo contido, sonha
com o teu verso a declamar.

Tudo que fiz

Será que
algum dia entenderei
cada quadro que eu pintei?

Já fui artista,
engenheiro,
alquimista
e curandeiro.

Mas ser humano...

Isso me encanta!

Pois ser humano
me decanta o Ser.

Espero um dia compreender...

A Torre de Cristal

Estava sobre as nuvens
quando vi, lá no horizonte,
uma grande ponte.

E percebi um edifício,
mas era difícil discernir
se era fictício ou real,
pois suas janelas de cristal
brilhavam verde e violeta!

Caminhei até o local.

E, quando virei a maçaneta,
ouvi uma voz de borboleta:

Quem és tu?

Quem sou eu?
- questionei sem entender.

O sol já nascia
quando a aurora refletida
inspirou a minha descida:

Sou aprendiz!
Aprendiz da própria vida!

À humanidade

Olá, és um ser humano?

Como assim? O que quer dizer com isso?

*Sou teu primo postiço
e venho a serviço familiar.*

*Não sei se entendo bem...
Tem algo a compartilhar?*

*O crescimento é compromisso
que advém do teu doar;
não és refém, nem submisso,
mas movediço a prosperar!*

*Estou ao lado do ateu
e também do religioso.
Sou o Vazio que a tudo deu
o que é não é famoso,
mas formoso e honroso.*

*E tens, dentro de ti,
a minha humilde preciosidade.
Pois és minha semente,
meu herdeiro e genitor.*

*Mas em clamor latente,
ó, curandeiro beija-flor!*

A aldeia

De olhos fechados,
o perfume da floresta
fez minha testa florescer:

Lá vem o amanhecer!
- o ouvi dizer.

E estendeu-me a sua mão,
apontando a direção:

*Vês o grande lago
e a aldeia que, ao lado, fica?*

*Pacifica a tua visão
e sentirás a vibração
que permeia este lugar.*

Este é seu lar?
Nunca vi tanta beleza!

*A pureza deste ar
faz depurar o coração.*

Escuta com atenção...

*Sob a égide de alumo,
segue o sumo Infinito.*

Eis o dito que medito...

Meditar

O Silêncio

O que é o Silêncio?

É ausência?
É a liberdade?

*Pela fluência,
só pode ser frequência,
mas em sequência de Humildade.*

*Pois o que é mudo
é também desnudo,
sem qualquer escudo
que o impeça de escutar.*

*É a raiz do que é Sereno
e a matriz
do Terreno Celeste!*

*E o que investe ao seu opor,
carrega em si o despertar da dor.*

*Mas então todo locutor
é inimigo de seu labor?*

Não o que fala com Amor.

*Este é condutor
da sua guarida.*

*Pois o senso da Palavra,
que o conduz
e lhe é cedida,*

*é ser lenço de toda lágrima;
então faz jus
ao Silêncio na vida.*

Jardim da Ostentação

Era quase noite.

As corujas preparavam as suas vestes;
e os vagalumes, prestes a acender,
seriam as estrelas da madrugada.

Os lobos organizavam a jogatina;
e a cobra - a dançarina - estava tonta:
Era o seu dia de estreia.

Já aquela árvore...

apenas se consolava.

Há muito, ela ali estava.
Desde sempre a esperar.

Sonhava com os astros
e tinha, em sua semente,
uma ideia frequente:

Um dia, me plantarei lá.

E assim ela tinha passado
muitos anos em desapego.

*De folha em folha,
foi-se a vaidade.*

*De escolha em escolha,
ganhou maturidade.*

*Mas mal sabia ela
que aquela noite era especial.*

*A sua Lua brilhava forte;
e Gaia, para a sua sorte,
percebeu a sua grande dedicação.*

*Do fim da história,
ela só lembra uma parte:*

*Dormiu na Terra,
mas acordou em Marte.*

Pensaventos

Sou floresta.

E minhas flores
fazem festa.

Pela fresta,
vês as cores.

Mas só te resta
imaginar.

Se queres ver,
não me verás;
pois sou fugaz.

Sou como o vento
que perfaz
o advento da tua paz.

Fogueira

Havia uma fogueira.

E eu estava ali
na fronteira da pureza.

Como bandeira veloz,
ela pulsava sua riqueza viva!

Mas tinha algo diferente.

Pois cada sopro ígneo
era desígnio da Natureza.

Com seus lampejos de esperança,
ela alternava a sua dança
com o brilho do luar.

E foi aí que eu vi
uma pequena faísca
mirar o alto.

Com um pequeno salto,
ela se foi.

E transcendeu.

Naquela noite,
o céu ganhou uma estrela.

Vagalume

*Olha, vagalume,
por que o ciúme
da luz alheia?*

*Contempla o grão de areia,
que saboreia a espuma do mar
e arreia o solo com as conchas da estação.*

*Amar
é fundir-se ao Mar Maior.*

*Olha, vagalume,
tens o costume
de só brilhar à luz do dia,*

*quando o teu brilho é necessário
para iluminar o meu rosário
na noite mais sombria.*

Ecológica

Onde te equilibras?

Em tuas fibras de cimento?

Equilíbrio é movimento
em cada peça,
que regressa
ao nascimento de Si.

És instrumento,
pois és vibrante!

Portanto,
faz do teu semblante
um esforço constante.

Para cada dor,
há o Amor que desabrocha
à espera de uma tocha
que acenda o seu pavio.

Cuida bem do teu plantio.

Pois quem se entrega
se integra ao Eu Vazio.

Testemunha

Se uma árvore cai
sem ninguém para ouvir,
ela caiu?

Se um post sai
sem ninguém para curtir,
ele existiu?

Se um verso abstrai
uma história sem saber,
ele aprendeu?

Se uma vida se vai
sem alguém para a viver,
ela viveu?

O culpado está sempre
ocupado demais para crescer.

Oposição

O ódio do rebelde
o emaranha no véu de
si

com tamanha intolerância
que a substância da justiça
se enfeitiça.

E vira sombra
com a premissa
de falir o seu oposto.

Mas o tem no rosto...

a contragosto.

Ilusão

Viver é se desprender
do que é efêmero e,
portanto, desaprender.

Até mesmo na fantasia,
que serve ao que é sensato
pelo teor da teimosia.

Porque o papel da ilusão
é fazer alusão à Verdade,
mas por artesanato
do Anonimato.

Transbordar

*Para o bom aprendiz,
todo instante é campo fértil;*

*pois o instante
é o manifestar do Infinito!*

E o Infinito...

transborda qualquer frasco.

Ritual da Superação

Acorda.

*E liberta-te em frente,
ó semente da minha vida.*

*Transborda a tua Mente
e transcende essa corrente
que impede a tua ida aos Céus!*

*Escuta o Silêncio
da profecia suave
que traz a chave da tua Fé.*

Canta a tua canção!

*E planta o perdão
no tripé da tua Virtude.*

*A plenitude
é a saúde do Invisível.*

*Então acorda,
meu acorde menor!*

*Faz como os reis da antiguidade,
que, em unidade,
compunham cantos ao Imperador Celeste.*

Eis o teu teste:
ir além do teu cipreste.

Mas lembra-te:

A Sinfonia
é a sintonia
da Liberdade.

Agora acorda
a tua Vontade.

Urânia

Decidi fechar os olhos
e ir ao espaço sideral.

Eu pensei que morreria,
mas superei a covardia
até o Portal Celestial.

Havia um som do outro lado:

Quem bate à minha porta?
- perguntei com vaidade.

Ninguém me respondeu.

Quem invade a minha horta?

Sou tua aorta.

E trago o Sopro que o suporta
na direção da Claridade.

A humildade
é a saudação da Divindade.

Por isso, não te esqueças:

Humanidade
tem de ser
uma Unidade.

A ferida

*Naquele ano,
o confronto foi bem grave.*

*E deu luz a uma ferida,
que, despida da razão,
bordou o seu conforto
em agave distração.*

*Acampou em tom de pele
feito leito
em deleite suave.*

Levava jeito.

*Tinha, no peito,
a chave da transformação;
mas, em proveito de si,
cegava todo o seu entorno:*

*Era adorno
de contorno da dor.*

*Sempre que doía,
nomeava um novo pai.
Até que os olhos suspeitaram
e vislumbraram a ilusão.*

*Consultaram o velho sábio,
dito "O Grande Coração",
que os disse que a ferida
também tinha validade:*

*Era a saudade
da outra metade
do crescer.*

*E, ao simples florescer
no aprendizado corrompido,
o ferimento foi colhido*

e se desfez.

Regeneração

*O pulso do planeta
recordou sua silhueta;*

*pois, quando olhou pela luneta,
viu um raio violeta!*

*O impulso da plaqueta
marca o fim desta ampulheta.*

O Solidário

Acreditas estar a sós?

Tens tantos nós,
que obstruis a minha voz.

Instrui-te.

E o teu eu
será o meu Vós.

Querido eu

Descansa a tua vista.

*Descalça os calçados cansados
de caça-dor solitário*

e carrega-te, artista!

*Pois,
em cenário contrário,
terás honorário precário
da flor que te brota
e anuncia a derrota
do condutor duelista.*

*O que é dual
é igual
por Natureza.*

*E,
na certeza de que tudo É,
vem a grandeza da máxima Fé!*

*Querido eu,
teu Eu ressuscita.*

*Querido Eu,
tens a Graça Infinita!*

Dilúvio

*Com a chuva,
trago o vento.*

*Ah, meu fragmento,
tens a luva
no Andamento Maior!*

*E o teu suor é pigmento
no Quadro Vivo
da Grande Mãe,
que se refaz ao teu redor!*

*Ser barco é ser sustento
e ligar as margens para quem crê.*

*Já que a Beleza do arco-íris
é estar além da íris de quem o vê.*

*Ter coragem
é despir-se da plumagem
que ofusca o coração.*

Coliseu

A sede do meu eu
não é mais um coliseu!

Decreto o fim definitivo
das batalhas de amargura.

E aposento esta armadura.

Com o tempo,
erguerei um templo
em seu lugar.

Coragem

*Não mais
serei driblado!*

*Não mais,
serei Dourado!*

Às portas do solfejo
da Eternidade,

a bondade me invade.

E flamejo!

*Pois afagar o desejo
é afogar o lampejo*

que vejo em Nós.

República

Enfim, tempos de eleição.
E que farei de ti, ó estado impermanente,
que, tão de repente, se desfaz e se transforma?

Sê primeiro bom cidadão.
E encontrarás satisfação
ao tornar-te, ao mesmo tempo,
governante e governado.

E, com cuidado, terás sucesso;
pois, ao teu lado, tens o progresso
da esperança que, em ti, avança,
dando força ao teu processo.

Até que ouvirás toda a voz da tua cidade,
em tom uníssono, proclamando a tua Verdade.
Serás por corpo inteiro, não só pela metade.
E terás como escudeiro a tua própria Divindade.

Sê herdeiro.
Sê guardião.

Sê verdadeiro
à tua Constituição.

Sopro Dourado

*Aquele que pensa e faz
tem atitude de Ouro.*

*E, com o tempo, se eleva
à altitude do Tesouro do Ser.*

*Ele conquista, em si,
o segredo de Jade.*

*E não há o que o mude,
pois o destino o alude:*

*Da Vontade
à Virtude.*

O horizonte

Há tempos, o céu e a terra
travavam uma grande guerra.

E o juiz que apitava o jogo
incitava o fogo da revanche.

Até que veio uma avalanche
com o deslanche de agonia.

Mas o monge sorria.

Pois, ao longe,
percebia:

O horizonte
os uniria.

Iluminado

O Iluminado
é eloquência
de vivência poética.

E seu ditado
é a fluência
na regência ascética.

Transição

*Deferida,
foi a sentença*

*nua
e
crua*

*proferida pela grua
da Razão.*

É o fim de uma estação
longa e difícil,

mas o poente claramente
marca o início

do Solstício de Verão.

Em despedida,
a noite vem
cumprir o seu papel.

E pinta o céu
de tom pastel

em saudação
ao Painel de Ouro!

Em desferida,
foste à Presença:

flui
e
frui

o Tesouro do Universo.

*A leveza
vê a Beleza
pela grandeza dos Céus.*

O Visitante

Eis que,
ao fim de tarde,
sem muito alarde,
a mente sopra:

*Por caminhos conhecidos,
não andarás tão depressa;
pois és promessa
do teu próprio caminhar.*

...
...
...

E despediu-se.

Andarilho

Ele tocava a sua nota.

E, feito gaivota devota,
traçava a sua rota
na Frota Celestial.

Com ar puro em seu peito,
cultivava o respeito,
mesmo ao pleito imperfeito
do juízo feudal.

Passava os dias sobre o mar;
e as noites, sob o céu.

Mas nunca ao léu!

Pois estava sempre cheio.

Afinal, vazio de qualquer anseio,
ele caminhava pelo meio
dissolvendo o desnorteio
no passeio à ilusão.

E a conclusão?

Ele tocava a sua nota.

E a tocava
com a sua bota.

Centelha Centenária

A semente não teve pressa,
pois sua promessa
foi pregressa a germinar.

Não se perdeu em ilusões.

Pois, difíceis condições,
encontrou à frente
na nascente em que brotou.

Enraizou toda uma vida
para sustentar a sua subida
e ligar, ao Céu, o ilhéu que a concebeu.

Seu esforço a evolveu
de tal maneira
que a cordilheira a reconheceu:

Ela cresceu.

E ganhou o nome
de Lendária Centenária.

Ainda hoje,
a cada fruto, ela se prova
cada vez mais necessária.

*É a emissária da floresta,
a centelha manifesta
da Natureza solidária.*

Fé

A certeza
é o apetite da surpresa.

Mas, no sábio,
elas se tornam Unidade.

Pois sua destreza
o traz à mesa uma defesa:

O nutriente
da sua Mente em Liberdade.

Parvati

Escuto o seu canto
no recanto do Silêncio.

Com seu manto de Amor,
vejo a dor de outrora
ressurgir na flora do perdão.

O rancor
já não mora mais em mim.

Chego ao fim de uma jornada
e ao começo de um retorno.

Meu contorno se desfaz
no semblante da sua Paz.

Ouço, então, a sua voz:

*Se o suor escorre em lágrimas,
não tens mais que duvidar:*

*Chorar
é o orar
em estado líquido.*

*E este ar que o alimenta
é ferramenta do Equilíbrio.*

*Respirar
é a arte de domar o vento!*

*Serás sempre o meu rebento,
ó, fragmento estelar.*

*Por meu ventre,
estás desperto.*

*Sendo assim,
eu te liberto:*

Segue a tua Luz.

Pena Branca

Nunca me esquecerei
do dia em que eu libertei
o coração que vive em mim.

A chuva brindava o dia
com a mais pura maestria
de um clamor tupiniquim.

E você se apresentou:

Por que andas tão distante?

Porque eu me sinto acorrentado!
Quando olho ao meu peito,
vejo um grande cadeado!

A corrente é só um endosso
da tua lente ainda embaçada.
Ao redor do teu pescoço
já carregas a chave dourada.

O baú que tens no peito
é do mais perfeito ouro;
ao abri-lo com respeito,
verás a Luz do teu Tesouro.

*E libertarás a tua potência,
mas com a visão despida;
pois caridade por carência
é claridade adormecida.*

O mistério da Caridade

*Há muito tempo,
na aurora celestial,
quando o bem e o mal
moldavam as suas vestes,*

o Pensamento deu à Luz.

*E fez jus ao Universo,
pois o que estava imerso
eclodiu.*

*E o seu inverso,
aquele verso reverso,
existiu.*

*Era como espelho
que beirava o precipício.*

*Era o seu conselho
que guiava todo o início
de um conflito
quase que inevitável,
que gerou o mito
do rito inquestionável.*

*Mas havia um segredo
no enredo a desenrolar.
Já era quase cedo,
e o medo cedia o seu lugar.*

*A lição era bem simples
- sobre colher o que plantar -
do Pai que ensinava
ao Doer e ao Doar.*

O Princípio

A tudo que é,
que foi e que será,
eu vos saúdo!

Desde já,
eu esclareço:

A história que vos trago
é notória glória do Mago Celestial.

E, por mais que soe fértil,
reluz a Fé sutil
que ecoa no Universo.

Vamos lá.

Do Princípio,
veio a Ausência,

que, na latência do viver,

concebeu a Inteligência
- a frequência una -
na lacuna de seu Ser.

Era pura Harmonia
da mais alta hierarquia
que humildemente borbulhava!

*Bordava o rito
descrito pelo Verbo:*

*"Sois,
Criação."*

*E, de grão em grão,
seu artesão esculpiu o Invento.*

*Por um momento,
ele voltou-se a contemplar.*

*Seu batimento era completo,
pois dançava ao Som
de seu dialeto predileto:*

O Divino Alfabeto.

*Sobre esta Língua,
pouco posso vos dizer,
uma vez que é secreta.*

*Mas, com isso,
se deduz:*

*O Arquiteto
é também Poeta!*

*Toda ferramenta
é um resquício do que é inato.*

Verso Interior

Liberta-te da poesia.

*E liberta-te, também,
da melodia que te ilude.*

*Pois chegará o dia
em que a Harmonia Celeste*

*apontará o teu agreste,
que, de leste a oeste,*

*o cruza ao meio
rumo às runas da Virtude.*

Liberta-te da hipocrisia.

*E liberta-te, também,
da grosseria de atitude.*

*Pois o que é pequeno
voa alto,*

*e o asfalto da ilusão
impede o salto*

ao planalto da Altitude.

Símbolo
Secreto

Hoje é um grande dia,
pois o Segredo não se equivoca.

Conquistaste a empatia
como quem não quer mais nada em troca.

Agora iremos caminhar
pelas ruas da tua mente,

uma vez que a Lua se faz presente
neste instante-despertar.

Então subi por uma escada
rumo ao Grande Infinito.

...

De volta à minha alçada,
notei algo esquisito.

Havia um ser incandescente
ali, bem na minha frente!

Ele me disse:

De um poeta a outro,
eu peço-te,
humildemente,
que despejes sobre mim
um pouco de Sabedoria.

E ajoelhou-se
de cabeça baixa
e mãos para o céu.

Fiquei sem rimas ou palavras.

O que é que eu,
na minha pequena finitude,
poderia dizer?

Só digo que
esta experiência
mudou a minha vida.

De um lado, eu,
um poeta das palavras;

do outro, *alumo*,
um poeta da Virtude.

O Caminho

A palavra
já não é suficiente.

O vocabulário
não é páreo para Ti.

Mesmo rente ao Céu,
sou ainda réu da ilusão.

*Estás à frente
deste tempo,
transparente sublime.*

*E só o Silêncio
exime a mente
por completo.*

Por isso,
eu decreto
que sigo reto
no Caminho!

*O passarinho
reconhece o ninho
em que cresceu.*

*Ó, Símbolo Secreto,
teu alfabeto floresceu!*

Conclusão

Sou aluno.
Mas também sou meu instrutor.

Ao transcender da dor,
me desfaço e encontro o *rumo Uno*.

Sou alumo.
E sou também seu tradutor.